J. MARTIN et G. JEANTON

PIERRES TOMBALES

Circulaires et Ovales

DE LA BOURGOGNE

CONGRÈS DES BEAUX ARTS
1910

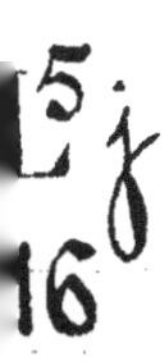

PIERRES TOMBALES CIRCULAIRES

DE LA BOURGOGNE

Ce mémoire a été lu à la réunion des Sociétés des Beaux-Arts des départements, tenue dans l'hémicycle de l'École des Beaux-Arts, à Paris, le 31 mars 1910.

MARTIN ET JEANTON

PIERRES TOMBALES
CIRCULAIRES
DE LA BOURGOGNE

PARIS

TYPOGRAPHIE PLON-NOURRIT ET C^i

8, RUE GARANCIÈRE, 6ᵉ

1910

LES PIERRES TOMBALES

CIRCULAIRES ET OVALES DE LA BOURGOGNE

QUINZIÈME AU DIX-SEPTIÈME SIÈCLE

Dans une communication faite au Congrès des Beaux-Arts de 1909, nous avons étudié les pierres tombales figurées, autrement dit à personnages gravés, du département de Saône-et-Loire [1].

Au cours des recherches que nous avions faites, à ce sujet, il nous a été donné d'étudier une variété de pierres tombales rares qui parait être une particularité des pays bourguignons [2]; il s'agit des pierres tombales circulaires ou ovales, dont nous avons trouvé un certain nombre de spécimens en Bourgogne plus particulièrement dans le département de Saône-et-Loire.

Le type normal des pierres tombales est celui de la dalle rectangulaire ou légèrement trapézoïde; nous en possédons, partout en France, un nombre considérable d'exemplaires.

A côté de ce type qui est également le type normal en Bourgogne, on en trouve un autre beaucoup moins commun. La pierre au lieu d'être rectangulaire est, soit absolument circulaire, soit plus rarement ovale.

---

[1] Les pierres tombales figurées du département de Saône-et-Loire. Congrès des Beaux-Arts, 1909.

[2] Nous avons fait une enquête à ce sujet; la plupart des érudits avec lesquels nous avons correspondu nous ont déclaré ignorer complètement l'existence d'un pareil type de pierres tombales, notamment M. Fleury, archéologue à Mamers, qui s'est spécialisé dans l'étude des puits funéraires de l'Ouest, M. le chanoine Urseau, à Angers, M. de Bonnault, de la Société historique de Compiègne, qui a fait part de notre question à la Société historique de Compiègne, le 18 novembre 1904; M. Chabeuf, président de la Commission des Antiquités de la Côte-d'Or, et, enfin, pour la Suisse, M. Cartier, de Genève. Au dernier moment nous apprenons que l'on a découvert à l'hôpital des Quinze-Vingts, à Paris, des inscriptions funéraires sur pierres circulaires se rapprochant des nôtres

Les premières pierres tombales de ce type que nous rencontrons sont du quinzième siècle, les dernières du dix-septième siècle; il est à noter de plus qu'au point de vue chronologique les pierres ovales ont succédé aux pierres circulaires.

Celles-ci se rencontrant aux quinzième et seizième siècles, celles-là à la fin du dix-septième siècle seulement.

Nous avons cru devoir joindre à l'étude des pierres tombales circulaires et ovales, celles des pierres rectangulaires imitant à dessein les pierres circulaires, c'est-à-dire sur lesquelles est gravée une circonférence au trait, portant l'inscription en bordure et un écusson ou tout autre symbole au centre à la manière d'un sceau.

Du premier type (pierres tombales circulaires), nous avons trouvé dix spécimens :

1° Jean d'Andelot, prieur du Villars[1] (1493), à Tournus (Saône-et-Loire) ;

2° Gabriel de Charnod, aumônier de Tournus (1498), à Tournus (Saône-et-Loire) ;

3° Un inconnu (1515), à Salins (Jura) ;

4° Renée de Préfontaine (1527), à Beaumont[2] (Saône-et-Loire) ;

5° Bernard de Traves, infirmier de Tournus (1528), à Tournus (Saône-et-Loire) ;

6° Pierre de Champrongeroux, moine de Tournus (1553), à Tournus ;

7° Pierre du Terreau, grand prieur de Tournus (1564), à Tournus ;

8° Philibert de Baugis, sacristain de Tournus (1570), à Tournus ;

9° Martin Bernizet, prieur de Ratenelle (1572), à Ratenelle[3] ;

10° Laurent Vinot, demi-chanoine de Tournus (1670), à Tournus.

Du second type (pierres tombales ovales), nous ne possédons que quatre exemplaires :

---

[1] Villars (Le), canton de Tournus, ancien prieuré dépendant de Tournus.

[2] Beaumont-sur-Grosne, canton de Sennecey-le-Grand (Saône-et-Loire), ancien prieuré de l'ordre de Cluny.

[3] Ratenelle, canton de Tournus (Saône-et-Loire), ancien prieuré de l'abbaye d'Ambronnay-en-Bugey.

1° Claude Crochet, lieutenant de Justice (1652), à Brancion [1] (Saône-et-Loire) ;

2° Gilbert Delaval (1670), à Tournus ;

3° Joseph de Montherot, prêtre (1687), à Brancion ;

4° Denis Marion (1689), à Tournus.

Du troisième type (pierres tombales rectangulaires avec inscription circulaire), nous pouvons signaler sept spécimens, tant existant encore que signalés par Palliot :

1° Étienne Guidon, écuyer (1423), à Mercurey [2] (Saône-et-Loire) ;

2° Jean du Breuil (1455), à Autun ;

3° Charles le Celier, écuyer (1497), à Dijon ;

4° Jean Magnin (quinzième siècle), à Saint-Bénigne [3] (Ain) ;

5° Vibert, bourgeois (seizième siècle), à Saint-André-de-Bâgé [4] (Ain) ;

6° Pierre Breton (1556), à Sens (Yonne) ;

7° Jean Cadot, moine de Tournus (seizième siècle), à Tournus.

Cette énumération faite, il resterait à déterminer l'origine de ce type de pierres tombales qui paraît être plus spécial à la Bourgogne [5] et dans cette province même, au Mâconnais, au Chalonnais et à la Bresse, plus particulièrement aux environs de l'abbaye bénédictine de Tournus [6].

Faut-il y voir une idée de décoration, la pierre tombale étant placée au centre d'un pavage décoratif ! On ne peut répondre affirmativement, aujourd'hui toutes les pierres tombales énumé-

---

[1] Brancion, canton de Tournus (Saône-et-Loire).

[2] Mercurey, canton de Givry (Saône-et-Loire).

[3] Saint-Bénigne, canton de Pont-de-Vaux (Ain).

[4] Saint-André-de-Bâgé, canton de Bâgé-le-Châtel (Ain).

[5] On sait que certaines provinces eurent des monuments funéraires qui leur sont particuliers. Ainsi, en Bourbonnais, les figures, les mains et certains ornements des personnages représentés étaient incrustés soit de marbre ou de pierre d'une autre couleur, soit de terre vernissée (XXV° Congrès de la Société archéologique de France à Moulins. 1854) ; en Normandie certaines tombes étaient recouvertes de carreaux émaillés représentant l'image du défunt. (DE CAUMONT, *Statistique monumentale du Calvados*, t. II, p. 153.)

[6] En 1722, lorsque le cardinal Fleury fit refaire le dallage de l'église abbatiale de Saint-Philibert les pierres tombales rondes, qui étaient en si grande quantité dans l'église, furent placées au centre de chaque travée des collatéraux du narthex comme motif de décoration. Les archives de l'abbaye nous apprennent que ce n'était pas leur place primitive.

rées plus haut paraissant avoir été déplacées de l'endroit où elles se trouvaient primitivement. Ne faudrait-il pas supposer au contraire à l'origine de ce type de dalles funéraires, une disposition nécessitée par une préoccupation architecturale, autrement dit, les pierres tombales circulaires auraient été au début des couvercles décorés de caveaux funéraires [1].

A la vérité nous ne pouvons l'affirmer sûrement, car les pierres tombales rondes, que nous connaissons, ne portent ni traces d'anneaux en fer, ni vestiges de rainures spéciales qui auraient pu convertir en certitude l'hypothèse que nous émettons.

Nous ajouterons, du reste, que ce but architectural pratique semble avoir été perdu de vue de bonne heure, pour faire place à un but purement décoratif, puisque certains tombiers imitèrent sur des dalles rectangulaires des tombes circulaires comme à Saint-André de Bâgé, Autun, Saint-Bénigne, etc.

Quoi qu'il en soit, nous avons cru devoir signaler au Congrès cette variété de monuments funéraires qui furent toujours très rares et qui sont destinés à disparaître prochainement, puisque tous sont encore actuellement compris dans les dallages des églises.

Ne serait-il pas à désirer que, dans les importantes réparations que préparent à Tournus les architectes des monuments historiques, on prévoie le relèvement des huit pierres circulaires ou ovales qui sont conservées à l'église Saint-Philibert [2].

---

[1] Dans sa séance du 4 novembre 1909, l'Académie de Mâcon ayant été saisi de cette question, M. Lex a émis l'hypothèse qu'il faudrait peut-être voir dans ces pierres tombales rondes un vestige de la tradition laissée par les puits funéraires circulaires de l'époque romaine.

On sait que ces puits funéraires circulaires ont surtout été trouvés dans l'ouest de la France, M. Fleury, archéologue à Mamers, qui s'est spécialisé dans l'étude des puits funéraires de l'ouest, nous écrit :

« Dans tous les puits funéraires que j'ai pu découvrir ou étudier, je n'ai jamais rencontré de dalles funéraires pour les fermer. Tous les puits complets que j'ai découverts étaient fermés par un cône de grosses pierres accumulées au-dessus de l'orifice. Dans mes notes que je viens de feuilleter je n'ai remarqué aucune mention de dalle circulaire. »

Dans l'est, les puits funéraires circulaires sont très rares, sinon inconnus.

Il serait étonnant que la tradition des puits funéraires ait persisté seulement dans un pays où ce genre de sépulture était à peu près inconnu.

[2] A la suite de notre communication au Congrès des Beaux-Arts de l'année dernière sur les pierres tombales figurées du département de Saône-et-Loire.

DESCRIPTION PAR ORDRE CHRONOLOGIQUE

DES PIERRES TOMBALES CIRCULAIRES OU OVALES

PIERRES TOMBALES CIRCULAIRES

(1493)

JEAN D'ANDELOT

Église de l'abbaye de Saint-Philibert à Tournus

HIC JACET FRAT͞ JOHS D͞ADELO A͞L DUBOIS PR. DE
VILARIO AC I͞FIRMARI͞VS HUI⁷ CENOBII QUI OBIIT DIE XXIX^A ||
AUGUSTI A͞NO DNI MILLESI͞O CCCC° XC° T͞CIO AI͞A EIVS
REQUIESCAT IN PACE AME

Hic jacet, frater Johanes d'Andelo alias Dubois, prior de Vilario ac in-
firmarius hujus cenobii qui obiit die XXIXᵉ augusti anno domini millesimo
CCCC° XC tercio (1493) ; anima ejus requiescat in pace. Amen.

Pierre calcaire blanchâtre ; diamètre 0ᵐ,80.

Inscription en minuscules gothiques, placée circulairement sur
deux lignes séparées par un filet ; au centre, un écu « de gueules à
la fleur de lys d'or ».

Jean d'Andelot était prieur du Villars près de Tournus et infir-
firmier de l'abbaye de Saint-Philibert de Tournus.

La pierre tombale était primitivement dans la nef[1] ; elle se
trouve aujourd'hui dans le collatéral septentrional de l'église
Saint-Philibert de Tournus.

---

toutes celles que nous avons signalées ont été classées parmi les monuments
historiques.

[1] GUICHENON, *Histoire de la Bresse*, III° partie, p. 3.

(1498)

GABRIEL DE CHARNOD

Église de l'abbaye de Saint-Philibert à Tournus.

[TELLVS HÆC][1] SACRA HŌ CORPUS VEN · FRATRIS GABRIEL DE CHARNO
HELEŌSIARII Q̄ FŪDAVIT UNAM MIS[SAM QUALIBET EBDOMADA
PRÆTERIENS][2] VITÆ SUÆ TERMINŪ XXVIII AUG · ANNO DNI MCCCCXCVIII

Tellus hæc sacra hoc corpus venerabilis fratris Gabriel de Charno, helmosinarii, qui fundavit unam missam, qualibet ebdomada, præteriens vitæ sue terminum, XXVIII augusti, anno domini MCCCCXCVIII (1498).

Pierre calcaire ; diamètre 1 mètre.

Inscription en minuscules gothiques, placée circulairement sur deux lignes séparées par des filets ; au centre un écusson aux armes de Charnod « de sable à un lion d'argent, armé, lampassé et couronné de gueules ».

Gabriel·de Charnod, d'une famille originaire de Franche-Comté fut aumônier de l'abbaye de Tournus[3].

Cette pierre tombale se trouve au milieu de la seconde travée du collatéral nord du narthex.

(1515)

INCONNU

Église Saint-Anatole à Salins.

Inscription illisible sauf la date MCXV.

Pierre, diamètre 1ᵐ,54.

Inscription en minuscules gothiques, mise en bordure circu laire[4].

---

[1] Relevé par Juénin en 1733 avant la mutilation de la pierre. Juénin. *Nouvelle histoire de Tournus*, t. II, p. 314.

[2] *Ibidem.*

[3] Charnod, canton d'Arinthod (Jura).

[4] L'estampage de cette pierre tombale nous a été envoyé par M. Pitaud, archiviste paléographe et avocat à Dôle.

JEAN D'ANDELOT

ÉGLISE SAINT-PHILIBERT (TOURNUS)

(XVe siècle.)

RENÉE DE PRÉFONTAINE

ÉGLISE NOTRE-DAME (BEAUMONT-SUR-GROSNE)

(XVIe siècle.)

LAURENT VINOT

ÉGLISE SAINT-PHILIBERT (TOURNUS)

(XVIIe siècle.)

(1527)

RENÉE DE PRÉFONTAINE

Église Notre-Dame à Beaumont-sur-Grosne.

: CY GIST REGNÉE DE PREFONTAINNE FILLE DE JEHAN DE PREFONTAINNE ET DE KATHERINE DE TAVANES ET DAE ‖ DE V̄CHAMP DE LA COULOME ET BEAULM̄OT EN PTIE, LAQUELLE MOURUST EN SEPTĒBRE 1527 :

Cy gist Regnée de Préfontaine [1], fille de Jehan de Préfontaine et de Katherine de Tavanes [2] et dame de Verchamp [3], de la Coulomne [4] et Beaumont en partie, laquelle mourut en septembre 1527.

Pierre calcaire, diamètre 0ᵐ,80.

Inscription en minuscules gothiques, placée en doubles bordures circulaires séparées par des filets ; au centre un écusson aux armes de Préfontaine « d'or au pal vivré de gueules ».

(1528)

BERNARD DE TRAVES

Église de l'abbaye de Saint-Philibert à Tournus.

✝ CY GIST NOBLE ET RELIGIEVSE PSŌNE FRĒ BERNARD DE TRAVES, ENFERMIER DE CEANS LEQUEL A FONDE UNG ĀNIVERSᴱ QUI SE DOIT. DIRE CHĪN AN LE JOUR DE · S. BERNABE · ET TRESPASSA LĀ · M · Vᵒ ET XXVIII LE VI DE FEBURIER

Cy gist noble et religieuse personne frère Bernard de Traves, enfermier (infirmier) de céans, lequel a fondé ung anniversaire qui se doit dire chacun an le jour de saint Bernabé (Barnabé) et trespassa l'an M cinq cent et XXVIII, le VI de febvrier [5].

Pierre calcaire, diamètre 1ᵐ,65.

Inscription en minuscules gothiques, placée circulairement sur une seule ligne entre deux filets. A l'intérieur, des fleurons bordent circulairement l'épitaphe. Au centre un écu aux armes de Traves-Choiseul soutenu par deux anges.

---

[1] Préfontaine aujourd'hui Pierrefontaine (Doubs).
[2] Tavannes, commune d'Arc-sur-Tille, canton de Dijon.
[3] Verchamp, canton de Montbozon (Doubs). Planche.
[4] La Colonne commune de Gigny, canton de Sennecey-le-Grand (Saône-et-Loire).
[5] Planche.

Cette dalle funéraire est de beaucoup la plus artistique des tombes rondes que nous signalons, elle se trouve à l'entrée du collatéral nord de la nef. La famille de Traves originaire du Comté de Bourgogne était possessionnée en Chalonnais [1].

(1553)

PIERRE DE CHAMPRONGEROUX

Église de l'abbaye de Saint-Philibert à Tournus

† F · PE · DE CHAPPOGEROVIX INFIRMARII · DEPOSITUM · QUI
MENSIUM ÆQUA DOTE PRECES ANIVERSARIAS || †
FRATRIBUS HIC FIERI · OBTINUIT A QUIB' DEMIGRAVIT A[NNO
VITÆ XC APOPLEXI CORREPTTU]S [2] · 18 MAII · 1553 †

Fratris Pierre de Champrongeroux [3] infirmarii depositum qui mensium . . . . æqua dote preces aniversarias fratribus hic fieri obtinuit a quibus demigravit, anno vitæ XC apoplexi correptus, 18 maii 1553.

Pierre calcaire, diamètre 0^m,96.

Inscription en capitales romaines, placée circulairement sur deux lignes séparées avec un filet. A l'intérieur armes des Champrongeroux « parti au premier d'une croix et au deuxième d'une fleur de lys ».

La seigneurie de Champrongeroux située à Saint-Usuge (Bresse) appartenait à la famille de Monconis.

La dalle en question se trouve actuellement dans la première travée du collatéral nord du narthex.

(1564)

PIERRE DU TERREAU

Église de l'abbaye de Saint-Philibert à Tournus.

HIC REDDIDIT [CORPVS TERRÆ NOBILIS] ° ··· E · P · DU TERREAU HŪI REGALIS
CENOBII MAIOR PRIOR ET ELEMOSINARIUS 6 OCTOBRIS. 1564 AIA COFLO
AD SE XPS TRAXIT. AMEN.

[1] La baronnie de Traves était située près de Vesoul (canton de Scey-sur-Saône). La dernière héritière du nom de Traves porta les biens et le nom de Traves dans la famille de Choiseul, par son mariage, en 1257, avec Jean de Choiseul.

[2] Restitué d'après la lecture de Juénin faite en 1733 et inséré dans sa *Nouvelle histoire de Tournus*, t. II, p. 317.

[3] Champrongeroux, aujourd'hui Charangeroux, commune de Saint-Usuge (S.-et-L.)

BERNARD DE TRAVES

(XVIᵉ siècle.)

PIERRE DE CHAMPRONGEROUX

GABRIEL DE CHARNOD

ÉGLISE SAINT-PHILIBERT (TOURNUS)

(XVIᵉ siècle.)

(XVᵉ siècle.)

Hic, reddidit corpus terrae, nobilis E. Petrus du Terreau hujus regalis cenobii major-prior et elemosinarius. 6 octobris 1564; Anima cœlo ad se Christus traxit amen.

Pierre calcaire, diamètre 1ᵐ,10.

Inscription en capitales romaines placée en bordure circulaire. Au centre un écu de forme ovoïde entouré d'un phylactère[1].

Pierre du Terreau, novice en 1562, curé de Jully-lès-Buxy, mourut Grand Prieur et aumônier de Tournus en 1564; il était de la famille des Le Roux, seigneurs du Terreau à Verosvres[2].

Cette dalle est aujourd'hui dans la deuxième travée du collatéral nord du narthex.

(1570)

PHILIBERT DE BAUGIS

Eglise de l'abbaye de Saint-Philibert à Tournus.

IN HAC CLAUSA PUTRESCIT [URNA NOBILIS FRATER PHILIBERTVS

A BAUGIS HUJUS MONASTERII SACRISTA. QUI PRIDIE NON] AS···[

SILENTIB]US UMBRIS [DEO NATURÆQUE CONCESSIT. 1570.

[FAXIT DEUS UT PRESENTIA ET VISU REDEMPTORIS FRUARIS. AMEN [3]

In hac clausa putrescit urna, nobilis frater Philibertus a Baugis[4] hujus monasterii sacrista, qui pridie nonas silentibus umbris deo, naturaeque concessit, 1570.

Faxit deus ut presentia et visu redemptoris fruaris. Amen !

Pierre calcaire, diamètre 1ᵐ,10.

Inscription en lettres romaines placée en double bordure séparée par un filet.

Philibert de Baugis était sous-prieur et sacristain de l'abbaye de Tournus en 1562.

Cette pierre se trouve actuellement à l'entrée du collatéral méridional de la nef.

---

[1] Restitué d'après Juénin (voir plus haut) *Nouvelle histoire de Tournus*, t. II, p. 317.

[2] Terreau, commune de Verosvres, canton de Charolles (Saône-et-Loire).

[3] Restitué d'après Juénin (voir plus haut), *Nouvelle histoire de Tournus*, t. II, p. 317.

[4] Baugy, canton de Marcigny (Saône-et-Loire).

(1572)

MARTIN BERNIZET

Église Notre-Dame de Ratenelle [1].

CI GIST M · B. P.

Ci gist M[artin] B[ernizet], prêtre.

Pierre calcaire, diamètre 0^m,35.

Au milieu un calice accosté et soutenu des lettres M. B. P. et de
deux croissants.

Martin Bernizet était curé-prieur de Ratenelle à la fin du seizième siècle.

Cette dalle se trouve dans la chapelle du côté du midi.

(1670)

LAURENT VINOT

Église de l'abbaye de Saint-Philibert à Tournus.

CY GIST M^RE LAURENT VINOT PRE ET DEMY CHANOINE DE CETTE
EGLISE LE QUEL EST DECEDÉ LE 28 de MARS 1670 || ET A FONDÉ
VN ANNIVERSAIRE POUR LE REPOS DE SON AME REQUIESCAT IN PACE

Cy gist Maitre Laurent Vinot, prêtre et demy chanoine de cette église
lequel est décédé le 28 de mars 1670; et a fondé un anniversaire pour le
repos de son âme. Requiescat in pace.

Pierre calcaire, diamètre 1^m,16.

Inscription en capitales romaines, placée en double bordure
séparée par un filet. Au centre une tête de mort posée sur deux
tibias en croix.

Laurent Vinot était demi-chanoine à Tournus.

Cette dalle se trouve au centre de la troisième travée du collatéral nord du narthex.

---

[1] Ratenelle, voir plus haut.

JEAN DU BREUIL

MUSÉE LAPIDAIRE D'AUTUN

(XVe siècle.)

PIERRES TOMBALES OVALES

(1652)

CLAUDE CROCHET

Église Saint-Pierre à Brancion [1].

CY GIST MRE CLA‖DE CROCHET LIEUTENANT EN LA CHASTELLE‖
NIE ROYALLE DE BRANTION‖ QUI DECEDDA LE XXVI‖ JOUR
DU MOYS D'OCTOBRE‖ MIL SIX CENTZ CINQ · DEUX ‖ REQUIESCAT
IN PACE AMEN. ‖ POST TENEBRAS SPERO LVCEM.

Pierre calcaire ovale, 1ᵐ,70 de haut sur 0ᵐ,70 de large.

Inscription en capitales romaines mises en lignes parallèles sur plus de trois quarts de la surface de la pierre; au-dessous un écusson sur lequel est gravé un chevron accompagné en chef de deux étoiles et d'un croissant en pointe.

Claude Crochet, lieutenant de la justice de Brancion était possessionné à Sans [2] où un fief portait son nom.

Cette dalle se trouve à l'extrémité du collatéral septentrional de l'église de Brancion.

(1670)

GILBERT DELAVAL

Église de l'abbaye de Saint-Philibert à Tournus.

GILBERT DELAVAL

Pierre calcaire ovale, 1ᵐ,35 de hauteur sur 0ᵐ,96 de largeur.

Inscription usée presque totalement.

Gilbert Delaval, prêtre demi-chanoine de Saint-Philibert, était membre d'une des plus anciennes familles de Tournus qui portait « d'azur à une montagne d'argent surmontée d'un croissant de même ». Il décéda vers 1670.

Cette dalle est placée à l'entrée du narthex de Saint-Philibert dans le collatéral sud.

---

[1] Brancion, voir plus haut.
[2] Sans, commune et canton de Sennecey-le-Grand.

(1687)

JOSEPH DE MONTHEROT

Église Saint-Pierre à Brancion

```
HIC JACET
VEN · MAGR JOSEPH
DEMONTHEROT PRESBITER
CABILONENSIS
HVJVS ECCLESIÆ PASTOR
VERE IOSEPH · MIRA · CASTITATE
VERE PASTOR EXIMIA · IN GREGEM
SOLLICITVDINE
DVM · VIVERET · BONI EVM COLVERE
MALI TIMVERE
E VIVIS · EREPTO · OMNES · DOLVERE
HANC ECLIAM · XXVII · ANNIS REXIT
VARIE · IACTATVS SED IMMOTVS
IGNE EXAMINATVS ET IVSTVS INVENTVS
PRIDIE · DEMVM · SANCTORV · OMNIVM
AD PERENNES · CELESTIS NIÆ · DELICIAS
FVTVRÆ IAM PRÆNVNCIVS · GLORIÆ
LVGE POPVLE · PASTORE SVBLATO
VERVM · NE · LVGEAS
LVGE · QVIA · NON · TIBI · VIVAT
NE LVGEAS · QUIA NVNC
SIBI VIVIT
OBIIT AN 1687
```

Hic jacet, venerabilis magister Joseph de Montherot, presbiter cabilonensis, hujus ecclesiæ pastor, vere Joseph mira castitate, vere pastor eximia in gregem sollicitudine; dum viveret boni eum coluere, mali timuere; e vivis erepto omnes doluere. Hanc ecclesiam XXVII annis rexit, varie jactatus sed immotus, igne examinatus et justus inventus, pridie demum sanctorum omnium ad perennes celestis vitæ delicias futuræ jam prænuncius gloriæ; luge popule, pastore sublato, verum ne lugeas; luge quia non tibi vivat, ne lugeas quia nunc sibi vivit; obiit anno 1687.

Pierre calcaire ovale, hauteur 1ᵐ,70, largeur 0ᵐ,85.

Inscription en lettres capitales romaines couvrant toute la surface. Les lignes sont superposées les unes aux autres.

Joseph de Montherot fut curé de Brancion de 1669 à 1687.

JEAN MAGNIN

SAINT-BÉNIGNE (AIX)

(XVIe siècle.)

JEAN CADOT

SAINT-PHILIBERT A TOURNUS

Cette dalle se trouve actuellement à l'entrée du chœur de l'église de Brancion.

(1689)

DENIS MARION

Église de la Madeleine à Tournus.

[ICI REP]OSE DENIS MARION MARCH (and) PERROLLIER DE
TOURNUS QUI EST DECEDÉ LE 21 FEVRIER 1689 ET DAME
JEANNE | COMPAGNOT‖ SA FEMME QUI EST ‖ DECEDÉE LE..... ‖
LEQUEL ONT FONDÉ A ‖ PERPETVITÉ DANS CETTE E‖GLISE
DEVS MESSES A HAULTE | VOIX QUI SE DOIVENT CELEB‖RER
A CHACUN JOUR DE LEURS DE‖CEDS ET QUATRE
MESSES BASSES ‖ AUX JOURS QUI SONT NOMMES ‖ DANS
LE CONTRAT DE FONDA‖TION RECEV CHAPPUIS NOT. ROI‖AL
LE 3ᵐᵉ JOUR DU MOIS DE ‖ MARS 1673. ‖ PRIEZ DIEU POUR ‖
LEVRS AMES.

Pierre calcaire ovale, hauteur 1 *mètre, largeur* 0ᵐ,70.

Inscription en lettres capitales romaines commençant en bordure entre deux filets et se terminant en lignes parallèles dans le sens de la largeur. Au-dessous un écusson sur lequel est tracé une équerre posée en chevron, accompagnée en chef de tenailles et d'un marteau, en pointe d'un cœur enflammé.

Jadis en l'église de la Madeleine, cette dalle ovale se trouve actuellement dans le jardin d'une maison sise à Tournus entre les rues du Tromphoir et des Tonneliers.

PIERRES TOMBALES RECTANGULAIRES
A INSCRIPTIONS CIRCULAIRES

(1423)

ÉTIENNE GUIDON

Église Notre-Dame à Mercurey[1].

Palliot signale dans l'église de Mercurey la pierre rectangulaire avec inscription circulaire d'Étienne Guidon, écuyer, d'Henriette de Bercy et de leurs enfants.

Cette tombe était placée devant le grand autel du côté de l'Évangile.

[1] Mercurey, voir plus haut.

Au centre se trouvaient deux écussons répétés aux quatre angles.
Le but décoratif de l'inscription circulaire n'était donc pas
douteux

(1455)

JEAN DU BREUIL

Musée lapidaire d'Autun.

HIC JACET DNS JOHES DE BROLIO PBR Q̄ OBIIT

IV JAᴿⁱⁱ Aᵒ DNI CCCCᵒ LV AĪA EĪ REQUIESCAT IN PACE

AMĒ.

Hic jacet, dominus Johanes de Brolio, presbiter qui obiit VI januarii anno
domini CCCCᵒ LV; anima ejus requiescat in pace. Amen [1].

Pierre, hauteur 1ᵐ,90, largeur 0ᵐ,90.

Inscription en minuscules gothiques, enfermée entre deux
cercles concentriques distant l'un de l'autre de 0ᵐ,09. Le diamètre
de la plus grande circonférence est de 0ᵐ,89. Le centre est occupé
par un calice.

Jadis dans la chapelle de Toulon en l'église cathédrale d'Autun,
à Autun, cette dalle est actuellement au musée lapidaire de cette
ville.

(1497)

CHARLES LE CELIER

Église Saint-Pierre à Dijon.

Palliot signale dans l'église Saint-Pierre à Dijon une pierre
tombale rectangulaire à inscription circulaire, celle de Charles le
Celier, écuyer de Charles le Téméraire.

Elle était placée à l'entrée du chœur. Saint-Pierre est aujour-
d'hui démolie et la pierre tombale en question a disparu.

SEIZIÈME SIÈCLE

JEAN MAGNIN (?)

Église Saint-Bénigne [2], au même lieu.

HIC JACET : DNS : IOHANES : MA . . . . . NI

Q'DAM : CURATUS : PÔTIS : ✝ : ‖ VALLIVM : CUIVS A . . . . . IESCAT

: IN : PACE : ‖ AMEN

[1] Planche.
[2] Saint-Bénigne, voir plus haut.

VIBERT

SAINT-ANDRÉ DE BAGÉ

Hic jacet, dominus Johanes Magnini (?) quondam curatus Pontis-Val-
lium cujus anima requiescat in pace[1].

Pierre calcaire, hauteur 1ᵐ,45, largeur 0ᵐ,82.

Inscription en lettres gothiques, placée circulairement sur deux
lignes séparées par un filet. Au centre se trouve un calice.

Cette pierre tombale, comme du reste celle qui va suivre et qui
est du même type et du même pays (Bresse) possède la particularité de ne pas être datée.

Jadis dans l'église de Saint-Bénigne, cette dalle se trouve
actuellement dans le jardin du presbytère de cette église.

SEIZIÈME SIECLE

VIBERT, BOURGEOIS DE BAGÉ[2]

Église Saint-André de Bâgé[3]

HIC JACET IN TERRA CUI DET DEVS FELICIA
REGNA DOMINUS VIBTO...........CIS
BOUGIOCI[4]

Hic jacet in terra cui dit deus félicia (regna) (?) dominus Viberto . . . . .
burgensis Baugiaci.

Pierre calcaire, hauteur 1ᵐ,84, largeur 0ᵐ,74.

Cette pierre a été diminuée de 15 à 18 centimètres pour entrer
dans le pavage.

Inscription en lettres minuscules gothiques très originales,
inscrite circulairement sur une ligne bordée de filets. Le diamètre
du cercle est de 0ᵐ,72.

Cette pierre tombale n'est pas datée, elle se trouve dans la nef
de l'église de Saint-André de Bâgè.

(1556)

PIERRE BRETON

Église Saint-Pierre-le-Rond à Sens.

Mde Charmasse signale d'après Palliot une pierre tombale du

---

[1] Planche.
[2] Bâgé. chef-lieu de canton de l'arrondissement de Bourg (Ain).
[3] Saint-André de Bâgé, canton de Bâgé (Ain).
[4] Bougioci pour Baugiaci. Baugiacum est le nom latin de Bagé-le-Châtel, au-
trefois Baugé en français et Bauziat en dialecte bressan.

genre que nous étudions, qui se trouvait dans l'église Saint-Pierre-le-Rond à Sens, du « côté droit des chaises des chantres », c'était celle de Pierre Breton, boulanger, mort le 28 décembre 1556.

Cette pierre tombale a disparu.

SEIZIÈME SIÈCLE

JEAN CADOT

Église de l'abbaye de Saint-Philibert à Tournus.

JEAN CADOT REFECTURIER

Pierre calcaire, hauteur 1ᵐ,20, *largeur* 0ᵐ,88.

Inscription placée circulairement en lettres gothiques entre deux filets, au centre un écusson aux armes des Cadot.

La circonférence en question a été gravée sur une pierre tombale primitivement vierge de toute inscription, mais en 1557 on inscrivit en bordure l'épitaphe de Pierre Cadot, neveu de Jean Cadot; on lit en effet en lettres capitales romaines :

CI GIST NOBLE PIERRE CADOT SEIGNEUR
DE SIVOERES (SCIVOLIÈRES) [1] CHAMPLECY [2], BARON [3] ET RABUTIN [4]
LEQUEL EN L'AAGE DE TRENTE SEPT ANS SATISFIT A
LA GÉNÉRALE REDEBVANCE ET TRIBUT DE NATURE LE
8 JANVIER || L'AN 1557. SON AME SOIT EN||REPOS. AMEN.

En même temps au-dessous de la circonférence primitive on grava les armes de Pierre Cadot.

Cette dalle se trouve entre le troisième et le quatrième pilier du collatéral septentrional du narthex [5].

---

[1] Scivolières, commune de Jugy, canton de Sennecey-le-Grand.
[2] Champlecy, canton de Charolles.
[3] Baron, commune du canton de Charolles.
[4] Rabutin, commune de Changy, canton de Charolles.
[5] Voir ci-dessus, planche XI.

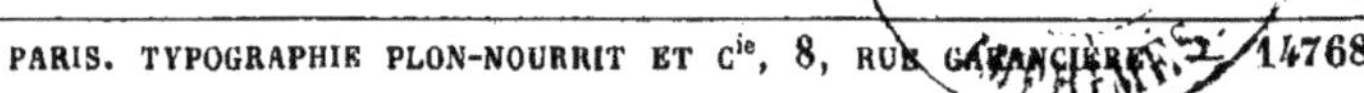

PARIS. TYPOGRAPHIE PLON-NOURRIT ET Cⁱᵉ, 8, RUE GARANCIÈRE. 2. 14768.